RIDERE

LA MIGLIORE
MEDICINA

BARZELLETTE PER TUTTI

Vincenzo Berghella

Copyright Page

ISBN No. 978-0-6151-7921-6

DELLO STESSO AUTORE:

- **Laughter, the best medicine. Jokes for all.** www.lulu.com o www.amazon.com (2007) [Inglese]

- **Obstetric Evidence Based Guidelines. Informa Healthcare, London, UK, and New York, USA (2007)** www.jefferson.edu/mfm o www.amazon.com [Inglese]

- **Maternal-Fetal Evidence Based Guidelines. Informa Healthcare, London, UK, and New York, USA (2007)** www.jefferson.edu/mfm o www.amazon.com [Inglese]

Indice

Ai miei familiari e ai miei amici, per vederli ridere

Introduzione

Perche' questo libro? La vita e' gia' di per se' troppo seria per essere sempre presa seriamente. Da piu' di 20 anni faccio il medico, e ho a che fare con situazioni di vita e di morte quotidianamente. Ho appena finito di pubblicare due libri di testo di medicina sulle branche di cui mi interesso, l'ostetricia e la medicina materno-fetale. Spero, e anche credo, che questi due 'tomi' aiuteranno, anche in piccolo, donne e bambini in tutto il mondo. E' importante per me pubblicare ora una serie di raccolte di barzellette, passando cosi' dal molto serio al 'faceto'. Anche questo libro aumentara' la salute di tutti voi. Ridere aumenta la secrezione delle catecolamine e delle endorfine, aumenta l'ossigenazione del sangue, rilassa le arterie, diminuisce cosi' la pressione del sangue, e aumenta la risposta immunitaria.[1] Queste barzellette sono state tutte collezionate da email private che ho ricevuto direttamente da miei amici negli ultimi 10 anni. Sono convinto, e la scienza lo prova, che il buon umore derivato dal ridere sia un'ottima medicina. E' importante, qualunque cosa accada, mantenere un po' della propria innocenza giovanile, e un po' di goliardia nella vita. Non si smette di giocare perche' si e' vecchi; si diventa vecchi perche' si smette di giocare.[2] Questa medicina e' importante per tutti noi. Visto che le barzellette non le so raccontare, mi provo a pubblicarle: in italiano e in inglese (differenti dalle italiane), visto che negli ultimi 24 anni ho passato la maggior parte dell'anno negli USA. Non mi vergogno, anzi: sembrare un buffone e' il segreto dell'uomo saggio.[3] Spero anzi di avvicinarmi ancora piu' a voi: si dice tra l'altro che il ridere sia la distanza piu' breve tra due persone. Se avete dei suggerimenti, o altre barzellette da aggiungere, la mia email e' vincenzo.berghella@jefferson.edu. Dedico questo libro a tutti i miei amici che negli anni mi hanno spedito via internet barzellette, amici veri e spensierati, e a quelli che ne godranno: Anna Berghella, Raffaele Baffa, Luigi Bagella, Marco Becca, Franca Cambi, Davide De Santo, Vincenzo De Laurenzi, Marco Gentile, Luigi Grasso, Walter Iacone, Antonello Lavalle, Giovanna Makarechi, Ignazio Marino, Silvia Narne, Luigi Ottavio, Carlo Pace-Palitti, Marco Pascali, Corrado Rovaris, Biagio Saitta, Arturo Sala, Antonio Tabasso, Tonino Testa, e i loro partners.

Divertitevi!

Vincenzo Berghella

[1]Robin Williams, in 'Patch Adams'; [2]Oliver Wendell Holmes; [3]Edgar Allan Poe *(visto sul muro del Café' Regio a New York City)*

Per bambini

Un cammello cucciolo dice al padre:
"Papa'...ma a cosa servono le due gobbe che abbiamo sul dorso?"
"Vedi figliolo....quando andiamo in missione nel deserto, che camminiamo per giorni e giorni, noi cammelli non abbiamo bisogno ne' di bere ne' di mangiare. Immagazziniamo acqua e cibo nelle due gobbe e resistiamo a lungo senza bisogno di fermarci mai".
"Papa'...e a cosa servono le sopracciglia cosi lunghe e folte che abbiamo?"
"Vedi figliolo....quando andiamo in missione nel deserto, che camminiamo per giorni e giorni, noi cammelli possiamo resistere anche in mezzo alle terribili tempeste di sabbia. Con le sopracciglia proteggiamo i nostri occhi e possiamo procedere nella tempesta ad occhi aperti".
"Papa'...e invece a cosa servono i cuscinetti che abbiamo fra le dita degli zoccoli?"
"Vedi figliolo....quando andiamo in missione nel deserto, che camminiamo per giorni e giorni, noi cammelli possiamo camminare nella sabbia leggeri come libellule. Con i cuscinetti non permettiamo alle nostre zampe di affondare e possiamo procedere velocemente".
"Papa'...ma perché abbiamo la pelle cosi' dura e resistente?"
"Vedi figliolo....quando andiamo in missione nel deserto, che camminiamo per giorni e giorni, noi cammelli possiamo camminare di giorno e di notte. Con la nostra pelle non permettiamo al sole di bruciarci e la notte rimaniamo al caldo".
"Va beh, Papa'...ma allora che cavolo ci facciamo allo zoo di Londra?"

Sicuri che i nani erano solo 7?

>il nano cuoco
mestolo

>il nano calzolaio
sandalo

>il nano falegname
truciolo

>il nano dei nani
mignolo

>il nano veneziano
gondolo

>il nano celibe
scapolo

>il nano agitato a letto
cigolo

>il nano asiatico
mongolo

>il nano malato
embolo

>il nano in fin di vita
rantolo

>il nano camorrista
cutolo

>il nano lanaio
gomitolo

>il nano bambino
pargolo

>il nano sempre raffreddato
moccolo

>il nano orologiaio
pendolo

>il nano orafo
ciondolo

>il nano verduriere
broccolo

>il nano barocco
fronzolo

>il nano tenerone
coccolo

>il nano con alito fresco
mentolo

>il nano fastidioso
spigolo

>il nano olandese
zoccolo ...

>il nano sempre confuso
brancolo

>il nano letterato
Pascolo

>il nano teenager
brufolo

>il nano violinista
tremolo

>il nano comunista
avantipopolo

>il nano maiale
truogolo

>il nano nascosto
cercalo

>il nano caseario
provolo

>il nano ingegnoso
dedalo

>il nano centometrista
prendilo

Carabinieri

Un ventriloquo, con il suo pupazzetto, sta facendo il suo spettacolo in un piccolo teatro di provincia. Sta raccontando le sue solite barzellette sui carabinieri quando, dal pubblico, si alza un rappresentante dell'Arma in divisa che comincia a sbraitare "Adesso basta! Ne ho sentite abbastanza di queste battute denigratorie su noi Carabinieri. Che cosa le fa pensare di poter generalizzare cosi' impunemente su chi sta facendo il proprio dovere? Come puo' permettersi di insultare chi rischia ogni giorno la propria vita per la cittadinanza? E' proprio la gente come lei che discredita la nostra immagine e rende sempre piu' difficile farci rispettare sul lavoro... e tutto per un dozzinale senso dell'umorismo."
Imbarazzato, il ventriloquo comincia a scusarsi, quando il Carabiniere si alza di nuovo: "Lei ne stia fuori, per cortesia. Sto parlando con quel piccolo bastardo che sta sulle sue ginocchia!"

Incendio alla biblioteca della caserma dei carabinieri: salvati entrambi i libri.

"Maresciallo, posso prendere il furgone della caserma?"
"E che cosa ne deve fare?"
"Sa, ho vinto un soggiorno a Parigi e vorrei andare a ritirarlo!"

L'arma dei Carabinieri decide di effettuare una grande spedizione scientifica e convoca i giornalisti: "Andremo sul Sole!"
Un giornalista: "E come farete con il calore?"
"Andremo di notte!"

Perche' i carabinieri hanno i baffi?
Perche' sulla lametta c'e' scritto "da barba".

Un carabiniere, prestando servizio di sicurezza presso il mercato, vede un vecchietto sopra un camion pieno di mele, che le sbuccia e mette in un sacchetto i semi. Incuriosito il carabiniere gli chiede:
"Mi dica, perchè raccoglie i semi?"
L'uomo del camion sicuro di se': "Ma lei non lo sa che i semi delle mele sviluppano l'intelligenza!?"
Il carabiniere sempre piu' incuriosito gli chiede: "E che cosa ne fa poi dei semi? Li vende?"
E l'uomo: "Certamente!"
"E quanto costano?"
"5000 lire l'uno!"
"OK! Voglio provarli: me ne dia tre."
L'uomo prende le 15.000 lire dal carabiniere e consegna i tre semi.
Il carabiniere se li mangia e poi pensa ad alta voce:
"Maròmna! Ma con 15.000 lire mi compravo 10 kg di mele, le sbucciavo ed avevo molti piu' semi."
E l'uomo: "Vede? E' gia diventato piu intelligente di prima!"
"Minchia, ha ragione! Me ne dia altri tre..."

Un carabiniere sta aspettando all'aereoporto la partenza del suo aereo.
Arriva uno e gli dice: "Guarda che quando arrivi in Africa fara' 40 gradi all'ombra."
Il carabiniere risponde: "Ma chi ci ha detto che dobbiamo stare all'ombra?"

Asiatiche

La formazione che la nazionale giapponese schiererà in occasione dei prossimi mondiali del 2010.

Ecco a voi la formazione ufficiale della squadra nipponica.
In campo:
1. Tutiri Yoparo 2.Tiro Akatsodikane 3. Nishuno Mifreka 4.Sikuro Tesegno 5. Ken Mishtupishi 6. Motiro 7. Semitiri Mishibuto 8. Dinzaki Yosomeyo 9. Setiro Tifreko 10. Nakakata 11. Momo Teparotutto.
In panchina:
12. Kissase Yoko 13. Yoko Poko Poko 14. Yoko Poi 15. Yokodimeno 16. Noyokomai 17. Yoko Poko Mayoko.
Allenatore: Ariko Saki

Uomini e donne

All'ospedale c'era un paziente gravemente ammalato. I familiari si erano riuniti nella sala d'aspetto attendendo notizie.
Finalmente entra un medico: "Purtroppo non vi porto buone notizie" dice guardando le facce preoccupate, "L'unica speranza per il vostro caro consiste in un trapianto del cervello. È comunque un'operazione sperimentale ad alto rischio, ed economicamente e totalmente a vostro carico."
I familiari seduti pensierosi e composti ascoltano le gravi notizie.
Infine uno di essi chiede al medico: "Ma quanto costerebbe un cervello?"
"Dipende" risponde il medico. "5000 euro un cervello da uomo, 200 euro uno da donna."
Grande momento di silenzio, mentre gli uomini in sala d'aspetto cercano di non ridere evitando di guardare le proprie compagne negli occhi.
Infine la curiosità spinge un signore a chiedere:
"Dottore, a che è dovuta la differenza di prezzo?"
Il medico sorride davanti alla innocente domanda:
"È solo la logica politica dei prezzi. I cervelli femminili costano meno perché sono usati..."

In cosa si somigliano un uomo e un computer ?
...sembra che pensino e che facciano tutto, ma se non li programmi, non fanno niente.

Perche' tutte le donne guidano male ?
...perche' tutti gli istruttori di guida sono uomini!

Perche' solo un 10% degli uomini arrivano in paradiso?
Perche' altrimenti sarebbe un inferno.

Perche' l'uomo scuote la testa per pensare?
Perche' i due neuroni che ha facciano contatto.

Come far impazzire un uomo in camera da letto?
Nascondendo il telecomando.

Cosa devi fare quando vedi che il tuo ex-marito sta rantolando di dolore sul pavimento?
Sparagli un'altra volta.

Come definiresti un uomo ammanettato?
Affidabile.

Cosa significa quando l'uomo nel tuo letto ansima e dice il tuo nome?
Non hai tenuto abbastanza premuto il cuscino sulla sua faccia.

Qual e' la differenza tra gli uomini e le donne?
Una donna vuole che un solo uomo soddisfi tutte le sue esigenze.
Un uomo vuole che tutte le donne soddisfino l'unica esigenza che ha.

Come puoi evitare che tuo marito legga le e-mail?
Rinomina la cartella di posta "manuale d'istruzioni".

Un uomo e una donna si scontrano in un _incidente in macchina_.
Le due automobili sono distrutte, anche se nessuno dei due è ferito.
Riescono a strisciare fuori dalle loro macchine sfasciate e la donna fa all'uomo:
"Non posso crederci: tu sei un uomo... io una donna. E ora guarda le nostre macchine: sono completamente distrutte eppure noi siamo illesi. Questo è un segno, Dio voleva che ci incontrassimo e che divenissimo amici e che vivessimo insieme in pace per il resto dei nostri giorni..."
E lui: "Sono d'accordo: deve essere un segno del cielo!"
La donna prosegue:
"E guarda quest'altro miracolo...La mia macchina è demolita ma la bottiglia di vino non si è rotta. Di certo Dio voleva che noi bevissimo questo vino per celebrare il nostro fortunato incontro..."
La donna gli passa la bottiglia, lui la apre, se ne beve praticamente metà e la passa a lei...
Ma la donna richiude la bottiglia e la ridà a lui...
L'uomo le chiede: "Tu non bevi??"
E lei risponde: "No... io aspetterò che arrivi la polizia..."

A New York è stato appena aperto un nuovo *negozio dove le donne possono scegliere e comprare un marito*. All'entrata sono esposte le istruzioni su come funziona il negozio:

* Puoi visitare il negozio SOLO UNA VOLTA.
* Ci sono 6 piani e le caratteristiche degli uomini migliorano salendo.
* Puoi scegliere qualsiasi uomo ad un piano oppure salire al piano superiore.
* Non si può ritornare al piano inferiore.

Una donna decide di andare a visitare il Negozio di Mariti per trovare un compagno.

Al primo piano l'insegna sulla porta dice:

Questi uomini hanno un lavoro.

La donna decide di salire al successivo.

Al secondo piano l'insegna sulla porta dice:

Questi uomini hanno un lavoro e amano i bambini.

La donna decide di salire al successivo.

Al terzo piano l'insegna sulla porta dice:

Questi uomini hanno un lavoro, amano i bambini e sono estremamente belli.

"Wow" pensa la donna, ma si sente di salire ancora.

Al quarto piano l'insegna sulla porta dice:

Questi uomini hanno un lavoro, amano i bambini, sono belli da morire e aiutano nei mestieri di casa.

"Incredibile" esclama la donna, "Posso difficilmente resistere!" Ma sale ancora.

Al quinto piano l'insegna sulla porta dice:

Questi uomini hanno un lavoro, amano i bambini, sono belli da morire, aiutano nei mestieri di casa e sono estremamente romantici.

La donna è tentata di restare e sceglierne uno, invece decide di salire all'ultimo piano.

Sesto piano: sei la visitatrice N° 31.456.012 di questo piano , qui non ci sono uomini, questo piano esiste solamente per dimostrare quanto sia impossibile accontentare una donna.

Grazie di aver scelto il nostro negozio.

Di fronte a questo negozio è stato aperto un Negozio di Mogli.

Al primo piano ci sono donne che amano far sesso.

Al secondo piano ci sono donne che amano far sesso e sono ricche.

I piani dal terzo al sesto NON SONO MAI STATI VISITATI.

IO E MIA MOGLIE CONOSCIAMO IL *SEGRETO PER FAR DURARE IL MATRIMONIO*:

1) DUE VOLTE A SETTIMANA ANDIAMO IN UN RISTORANTE CARINO, BEVIAMO DEL VINO, BUON CIBO E COMPAGNIA.
LEI VA IL MARTEDI' E IO IL VENERDI'.

2) DORMIAMO IN LETTI SEPARATI.
IL MIO E' IN LOMBARDIA E IL SUO IN LIGURIA.

3) PORTO MIA MOGLIE OVUNQUE.
MA LEI RIESCE SEMPRE A TROVARE LA VIA DEL RITORNO.

4) HO CHIESTO A MIA MOGLIE DOVE VOLEVA ANDARE PER L'ANNIVERSARIO. "IN QUALCHE POSTO DOVE NON VADO DA MOLTO TEMPO" HA RISPOSTO. COSI' LE HO SUGGERITO DI ANDARE IN CUCINA.

5) CI TENIAMO SEMPRE PER MANO.
SE LA LASCIO ANDARE COMINCIA A SPENDERE.

6) HA UN TOSTAPANE ELETTRICO, UN'IMPASTATRICE ELETTRICA E UN TRITATUTTO ELETTRICO. MI HA DETTO "CI SONO TROPPI AGGEGGI E NESSUN POSTO DOVE SEDERSI".
COSI' LE HO COMPRATO UNA SEDIA ELETTRICA.

7) MIA MOGLIE HA DETTO CHE L'AUTO NON ANDAVA BENE PERCHE' C'ERA TROPPA ACQUA NEL CARBURATORE. LE HO CHIESTO DOV'ERA L'AUTO E MI HA RISPOSTO "NEL LAGO..."

8) MIA MOGLIE FA UNA NUOVA DIETA. COCCO E BANANE. NON HA PERSO PESO, MA RAGAZZI COME SI ARRAMPICA SUGLI ALBERI!!!!

9) HA FATTO UNA MASCHERA AL FANGO ED E' STATA BELLISSIMA PER DUE GIORNI.
POI HA TOLTO IL FANGO.

10) HA INSEGUITO IL CAMION DELLA NETTEZZA URBANA GRIDANDO "SONO IN RITARDO PER L'IMMONDIZIA?"

E L'AUTISTA HA RISPOSTO "NO, SALTA DENTRO".

11) RICORDA SEMPRE... IL MATRIMONIO E' LA PRIMA CAUSA DI DIVORZIO.

12) NON HO PARLATO A MIA MOGLIE PER 18 MESI.
NON OSAVO INTERROMPERLA!!!

13) L'ULTIMO LITIGIO E' STATO PER CAUSA MIA.
MIA MOGLIE HA CHIESTO "COSA C'E' SULLA TELE?"
HO RISPOSTO "POLVERE".

14) ALL'INIZIO DIO CREO' LA TERRA E SI RIPOSO'.
POI CREO' L'UOMO E SI RIPOSO'.
POI CREO' LA DONNA.
E DA ALLORA NE' DIO NE' L'UOMO HANNO PIU' RIPOSATO.

BANCOMAT

PROCEDURA MASCHILE

1. Avvicinarsi con l'autovettura al bancomat.
2. Abbassare il finestrino.
3. Inserire la carta nel bancomat e digitare il PIN.
4. Digitare l'importo desiderato.
5. Ritirare la carta, il contante e la ricevuta.
6. Richiudere il finestrino.
7. Ripartire.

PROCEDURA FEMMINILE

1. Avvicinarsi con l'autovettura al bancomat.
2. Fare retromarcia fino ad allineare il finestrino al bancomat.
3. Riavviare il motore che nel frattempo si e' spento.
4. Abbassare il finestrino.
5. Trovare la borsetta e svuotare tutto il contenuto sul sedile passeggeri per trovare la carta.
6. Localizzare la trousse e controllare il trucco sullo specchietto retrovisore.
7. Provare ad inserire la carta nel bancomat.
8. Aprire lo sportello per facilitare l'accesso al bancomat a causa dell'eccessiva distanza dell'automobile.
9. Inserire la carta.
10. Reinserire la carta nel verso giusto.
11. Risvuotare la borsetta per cercare l'agenda con il PIN scritto sul retro della pagina di copertina.
12. Digitare il PIN.
13. Premere Cancel e digitare il PIN corretto.
14. Digitare l'importo desiderato.
15. Ricontrollare il trucco nello specchietto retrovisore.
16. Ritirare il contante e la ricevuta.
17. Svuotare ancora la borsetta per trovare il portafogli e riporci il contante.
18. Riporre la ricevuta insieme al blocchetto degli assegni.
19. Ricontrollare il trucco ancora una volta.
20. Ripartire e percorrere 2 metri.
21. Fare retromarcia fino al bancomat.
22. Ritirare la carta.
23. Risvuotare la borsetta, trovare il portafogli e collocare la carta nell'apposito comparto.
24. Ricontrollare il trucco.
25. Riavviare il motore che nel frattempo si e' spento.
26. Guidare per 5 o 6 chilometri.
27. Togliere il freno a mano.
28. Accendere i fari.

IMPORTANZA ASSOLUTA: Manifesto della *lotta popolare maschile.*

1. Se pensi di essere grassa, molto probabilmente sara' vero. Non chiedere.
Mi rifiuterò di rispondere.

2. Se vuoi qualcosa, chiedilo. Mettiamo in chiaro una cosa:
NOI UOMINI SIAMO SEMPLICI.
Le allusioni sottili non funzionano, le allusioni dirette non funzionano, le allusioni
troppo ovvie non funzionano neanche.
Dicci le cose chiare, tali come esse sono.

3. Se fai una domanda della quale non vuoi sentire una risposta, non stupirti
ascoltando una risposta che non volevi sentire.

4. Noi uomini siamo SEMPLICI. Se ti chiedo di passarmi il pane, per carità, voglio
solo dire se puoi passarmi il pane. Non ti sto rinfacciando il fatto che non sia stato
messo sul tavolo. Non ci sono secondi sensi o intenzioni contorte. Siamo
SEMPLICI.

5. Siamo SEMPLICI. Non serve che tu mi chieda a cosa penso il 96.5% delle volte
che facciamo del sesso. E no, non siamo dei porci, e' solo la cosa che ci piace fare
di più, purtroppo siamo SEMPLICI.

6. A volte, non sto pensando a te. Non c'è niente di male. Per piacere, abituati a
questo fatto. Non chiedermi a cosa penso, a meno che tu non sia disposta a parlare
di politica, economia, calcio o macchine sportive.

7. Domenica == Grigliata == Pizza == Amici == Calcio.
E' come la luna piena o le maree, non si può evitare.

8. Fare shopping non è divertente, e no che non lo considererò mai una cosa
divertente.

9. Quando dovremmo andare da qualche parte, assolutamente qualsiasi cosa che tu
indossi, ti starà bene. SUL SERIO.

10. Hai già dei vestiti a sufficienza, hai già troppe scarpe. Piangere è solo ricatto.

11. La maggior parte di noi uomini abbiamo tre paia di scarpe. Insisto, siamo
SEMPLICI. Cosa ti fa credere che io serva a decidere quale delle 32 paia che hai
nell'armadio ti sta meglio?

12. Risposte semplici come SI e NO sono perfettamente accettabili per rispondere
a ogni tipo di domanda.

13. Vieni da me con un problema alla volta, se vuoi aiuto, sono qui per questo.
Non chiedermi che lo faccia per empatia come se fossi una delle tue amiche di tutta
la vita.

14. Un male di testa che ti dura da 17 mesi è un problema serio.
Fatti vedere da un medico.

15. Se una affermazione che ho detto può essere interpretata in due forme diverse, e una delle due ti fa star male, o ti fa arrabbiare, probabilmente la mia intenzione era dire quell'altra.

16. TUTTI noi uomini vediamo solo 16 colori. "Mela" è un frutto, non un colore.

17. Che cavolo è il colore "fuxia"?? Anzi, come cavolo si scrive??

18. La birra ci emoziona tanto come a voi le borse.

19. Se ti chiedo se c'è qualcosa che non va, e la tua risposta è "niente", ti crederò ed agirò come se tutto fosse normale.

20. Non chiedermi se ti amo. Puoi essere sicura che se non ti amassi, non sarei qui con te.

21. Di regola generale: se hai qualsiasi dubbio su di noi, pensa alla cosa più facile. NOI UOMINI, SIAMO SEMPLICI.

MOGLIE 1.0
NOTE D'INSTALLAZIONE

L'anno scorso un mio amico ha effettuato l'upgrade da FIDANZATA 6.0 a MOGLIE 1.0 ed ha scoperto che quest'ultima ha una tale occupazione di memoria da lasciare pochissime risorse al sistema per altre applicazioni.

Egli ha anche notato che MOGLIE 1.0 ha la tendenza a generare processi-figli, che consumano ulteriori risorse.

Vi è inoltre un fenomeno negativo, non indicato nella documentazione del prodotto, la cui probabile presenza era stata ravvisata da altri utenti.

Non solo, infatti, MOGLIE 1.0 si installa in modo tale da essere lanciata per prima all'inizializzazione, e controllare così tutte le attività del sistema, ma inoltre, come lui ha avuto modo di scoprire, alcune applicazioni come POKERNOTTURNO 10.3, UBRIACATURA 2.5 e NOTTEALPUB 7.0, non riescono più a partire, mandando in stallo il sistema appena lanciato, anche se esse funzionavano perfettamente prima dell'installazione di MOGLIE 1.0.

L'applicazione CALCETTO 2.2 inoltre funziona a tratti.

All'installazione, MOGLIE 1.0 installa anche alcuni "plug-in" indesiderati come SUOCERA 55.8 e COGNATO in versione Beta. Di conseguenza le prestazioni del sistema decadono inesorabilmente con il passare del tempo.

Ecco alcune caratteristiche che sarebbero gradite nella versione 2.0 di MOGLIE:

1) pulsante MINIMIZZA o DISABILITA TEMPORANEAMENTE;

2) un pulsante DACCI UN TAGLIO o VATTI A FARE UN GIRO;

3) un programma di disinstallazione che, senza perdita di tempo e di risorse, permetta di rimuovere MOGLIE 1.0 senza conseguenze future sulla funzionalità del sistema;
4) un'opzione che consenta di far funzionare il gestore di rete in maniera promiscua, e che consentirebbe di fare un uso maggiore della funzionalità di prove hardware.

Personalmente, per evitare i problemi causati da MOGLIE 1.0, ho deciso di installare piuttosto RAGAZZA 2.0.
Anche così in ogni modo ho avuto parecchi problemi.
Apparentemente è impossibile installare RAGAZZA 2.0 su RAGAZZA 1.0: occorre prima disinstallare quest'ultima.
Altri utenti mi hanno detto che si tratta di un bug di vecchia data. Da prove effettuate, mi sembra che versioni di RAGAZZA entrino addirittura in conflitto nella gestione delle porte I/O.
E' strano che non abbiano ancora corretto un errore così evidente.
Cosa ancora peggiore, il programma di disinstallazione di RAGAZZA 1.0 non funziona bene, lasciando alcune "fastidiose tracce" nelle applicazioni di sistema.
Ma il fatto più fastidioso è che tutte le versioni di RAGAZZA aprono continuamente una finestra che decanta i vantaggi del fare l'upgrade a MOGLIE 1.0.
AVVISO DI BUG: MOGLIE 1.0 ha un bug non documentato.
Se si prova ad installare AMANTE 1.1 prima di disinstallare MOGLIE 1.0, questa cancella, senza possibilità di recupero, i file SOLDI.DLL e CASA.DLL prima di effettuare l'autodisinstallazione.
Quindi AMANTE 1.1 si rifiuterà di installarsi, segnalando la mancanza di risorse di sistema.

Soprannomi:
Se Laura, Susanna, Debora e Maria vanno a cena fuori, si chiameranno l'un l'altra Susanna, Debora, Laura e Maria.
Se Mario, Luca, Carlo e Giorgio vanno a cena fuori, si rivolgeranno affettuosamente l'un l'altro come 'Ciccione', 'Testa di c*', 'Buffone' e 'Godzilla'.

4 Uomini a cena fuori: anche se il conto è di 80 mila lire, ognuno tirerà fuori 50 mila lire e dirà che non ha tagli minori, e non vorrà il resto.
4 donne a cena fuori: quando arriva il conto, compare la calcolatrice.

Un uomo pagherà 5 mila lire per un oggetto che ne vale 2 mila, se lo vuole.
Una donna pagherà 2 mila lire per un oggetto che ne vale 5 mila, che non vuole.

Un uomo ha in media 6 oggetti nel bagno: uno spazzolino, un dentifricio, una schiuma da barba, un rasoio, un sapone e un asciugamano dell'Holiday Inn.
Una donna ha in media 337 oggetti, la maggior parte dei quali un uomo non riesce a identificare.

Una donna ha l'ultima parola in ogni discussione.
Qualsiasi altra cosa un uomo dice è l'inizio di una nuova discussione.

Una donna si preoccupa del futuro finché non trova un marito.
Un uomo non si preoccupa mai del futuro finché non trova una moglie.

Un uomo di successo è colui il quale guadagna più di quanto sua moglie sia in grado di spendere.
Una donna di successo è quella che trova quest'uomo.

Una donna sposa un uomo sperando che cambi, e lui non cambierà.
Un uomo sposa una donna sperando che non cambi, e lei cambierà.

Una donna si veste bene per fare shopping, dare acqua alle piante, buttare la spazzatura, rispondere al telefono e prendere la posta.
Un uomo si veste bene per i matrimoni e per i funerali.

Una donna sa tutto dei suoi bambini: appuntamenti dal dentista, i migliori amici, sogni, incubi, paure e speranze.
Un uomo è vagamente a conoscenza di una persona bassa che gira per casa.

Ogni uomo sposato dovrebbe dimenticare i propri errori: non c'è ragione perché due persone ricordino le stesse cose.

Una donna stava giocando a golf, quando colpi' male la palla spedendola tra gli alberi. Ando' nella boscaglia per recuperarla e trovo' una rana in una trappola. La rana le disse: "Se mi liberi esaudiro' *3 tuoi desideri*".

La donna libero' la rana la quale disse: "Grazie, ma ho dimenticato di riferirti una condizione, per qualsiasi desiderio che esprimerai, tuo marito riceverà la stessa cosa in valore dieci volte maggiore."

La donna disse: "Va bene".

Come primo desiderio la donna chiese di diventare la piu' bella donna del mondo

La rana la avviso': "In questo modo anche tuo marito diventerà l'uomo piu' bello del mondo, un Adone del quale tutte le donne si innamoreranno."

La donna rispose: "Non è un problema, perchè io sarò la donna più bella e lui avrà occhi solo per me."

Così, KAZAM! Lei è la donna più bella del mondo!

Come secondo desiderio la donna chiese di essere la donna piu' ricca del mondo.

La rana la avvisò:

"In questo modo tuo marito diventerà il piu' ricco del mondo, dieci volte più ricco di te."

La donna disse: "Non importa perchè ciò che è mio è suo e ciò che è suo è mio."

Così, KAZAM! Lei è la donna piu' ricca del mondo!

La rana chiese il terzo desiderio.

La donna disse: "Vorrei avere un LEGGERO attacco di cuore..."

Morale della storia: Le donne sono intelligenti. Non scherzare con loro.

Attenzione Lettrici: questa è la fine della barzelletta per voi.

Fermatevi qui e continuate a sentirvi bene....

Lettori: andate a fondo pagina

L'uomo ebbe un attacco di cuore 10 VOLTE PIU' LEGGERO DI SUA MOGLIE!!!!

Morale della fiaba: le donne pensano di essere veramente intelligenti.

Lasciamole continuare a pensarla in questo modo e gustiamoci lo spettacolo.

P.S. Se sei una donna e stai ancora leggendo:

dimostrazione che le donne non ascoltano mai!

Un uomo sta tornando a casa dal lavoro una sera, quando improvvisamente si ricorda che è il compleanno della sua bambina e che non le ha comperato un regalo.

Va in un centro commerciale, si fionda nel negozio di giocattoli e chiede al direttore del negozio: - Quanto costa quella nuova _Barbie_ in vetrina?

Il manager risponde: - Quale? Abbiamo:
"Barbie in palestra" da EUR 19.95,
"Barbie al ballo" da EUR 19.95,
"Barbie fa shopping" da EUR 19.95,
"Barbie in spiaggia" da EUR 19.95,
"Barbie al Night Club" da EUR 19.95 e
"Barbie Divorziata" da EUR 375.00.

- Ma perche "Barbie Divorziata" costa EUR 375.00, mentre tutte le altre costano EUR 19.95?

- Perche "Barbie Divorziata" comprende la macchina di Ken, la casa di Ken, la barca di Ken, il cane di Ken, il gatto di Ken e i mobili di Ken...

Una donna entra in una _farmacia_.

- Per favore, vorrei dell'arsenico.

Trattandosi di un veleno letale, il farmacista chiede informazioni prima di accontentarla.

- E a che le serve, signora?

- Per ammazzare mio marito.

- Ah! Capisco... però in questo caso purtroppo non posso darglielo...

La donna senza dire una parola estrae dalla borsetta una foto di suo marito a letto con la moglie del farmacista.

- Chiedo scusa, non sapevo avesse la ricetta...

Due amiche al telefono:

"Finalmente, dopo tre anni che stiamo insieme,
Massimo mi ha parlato di _matrimonio_!"

"Davvero? E che cosa ti ha detto?"

"Sua moglie si chiama Angela e hanno quattro figli."

Litighiamo così spesso.
A volte mi chiedo perché mai ci siamo sposati,
anche se so benissimo il perché.
E' la solita legge degli _opposti che si attraggono_.
Lei era incinta, e io no.   (Daniele Luttazzi)

Vecchiaia

Un signore di 80 anni va a fare il suo controllo annuale dal dottore, che gli chiede come si sente.
"Non sono mai stato meglio in vita mia," risponde il vecchio.
"Ho appena sposato una ragazza di diciotto anni. E' già incinta e tra poco sarò padre. Cosa ne pensa?"
Il dottore pensa un momento e dice:
"Le voglio raccontare una storia. Ho conosciuto un tale che era un cacciatore accanito. Non aveva mai mancato una stagione di caccia. Ma un giorno uscì di casa precipitosamente e prese l'ombrello al posto del fucile. Quando fu nel bosco, improvvisamente un orso si precipitò verso di lui. Prese l'ombrello, lo strinse con forza e lo puntò verso l'orso. E sapete cosa successe?"
"No", rispose il vecchio.
Il dottore continuò: "L'orso cadde morto davanti a lui!"
"E' impossibile!" gridò il vecchio.
"Qualcun altro deve aver sparato al posto suo!"
"E' esattamente quello che sto cercando di spiegarle!" rispose il medico.

Italiani

Scienziati inglesi hanno scavato 50 metri sottoterra e hanno scoperto piccoli pezzi di cavi di rame. Dopo averli analizzati, sono arrivati alla conclusione che gli antichi britannici avevano una rete nazionale di telefonia già 25.000 anni fa.
D'altra parte, agli Stati Uniti non è sembrato niente di così straordinario. Hanno chiesto ai loro scienziati di scavare più profondo. A 100 metri di profondità hanno trovato piccoli pezzi di cristallo che secondo loro formavano parte del sistema di fibra ottica nazionale che avevano gli antichi americani già 35.000 anni fa.
Gli scienziati italiani non si sono lasciati impressionare. Hanno scavato fino a 200 metri e non hanno trovato niente. Dunque sono arrivati alla conclusione (ragionevole) che gli antichi italiani già più di 55.000 anni fa avevano i telefoni cellulari.

Cosa rappresenta per gli italiani 740?
> Al Nord il modello delle tasse.
> Al centro il modello della Volvo.
> Al sud le otto meno venti.

CALCIO

Totti

Giornalista: "Allora Francesco, Carpe diem"... Totti: "No scusa, io l'inglese non lo capisco"

Totti è al mare con Ilary e le dice: "Amò fatte un tuffo" e Lei risponde: "Francesco ma io ho le cose mie" ... e lui replica: "Non te preoccupà te le guardo io."

Totti fermo al semaforo. Un bambino si avvicina: "Ti prego, dare 1 euro a me!" "Perchè?" chiede Totti.
Il bambino risponde: "Io ceceno."
... e Totti: "Ma che ceceni. Co' 1 euro nun ce fai manco colazione."

Marzullo invita Totti in trasmissione e lo intervista:
"Lei ha mai letto un libro?"
"Si, LEGGETTI Rintintin!"
"Lessi!!" lo corregge Marzullo.
"No no moooo ricordo bene. Era Rintintin!!!!"

Totti va a sciare sulle dolomiti. Appena arrivato trova un cartello con su scritto: "Qui inizia la neve perenne". E lui: "...Embè, pure a Roma la neve comincia pe 'N'!!!"

TOTTI E DEL PIERO VERSO I MONDIALI DEL 2002:
Del Piero: "Sai Francesco, in Giappone dovremmo stare attenti ai Monsoni."
Totti: "I Monsoni?! A me nun me mettono paura se giocamo come sapemo potemo batte chiunque! "
Del Piero: "Francesco, ma i Monsoni sono venti."
Totti: "So' venti? Beh? In campo so' undici come noi!"

TOTTI ESCE DAL BAGNO:
Totti: "A Damia', ho fatto 'na cacata..."
Tommasi: "Ma Francesco... si dice FECI!"
Totti: "C'hai ragione! A Damia', feci 'na cacata..."

"Signor Totti lei lo mangia il pesce surgelato?"
"No! Sur gelato ce metto 'a panna!"

Totti è disperato...

"Oddio, m'è morto er nonno! Stava a giocà a briscola..."

"Collasso?"

"Cche ne sò, mica je stavo a guardà le carte!"

LETTERA DI TOTTI A ILARY

Carissima,

t'ho vista ieri ner mentre che scennevi er cane pe' pisciallo, triste triste.
Capisco che c'hai er patè d'animo pe' la guera, de fronte a 'ste cose restamo tutti
putrefatti, ma nun vorei che sodomizzassi er tutto; capita anche a me de senti'
come 'n dolore 'n mezzo allo sterco, come che avessi fatto troppo bidi bolding,
quanno che sento parla' l'ambientalisti islamici, e m'arivano certe zampate de
caldo... come sotto a li raggi ultravioleti. Spesso ci si deve da fermarsi e darsi una
rifucilata, come Tomba dopo che vinceva 'no Slavo Gigante, e siccome che anche
l'ottico vole la sua parte, (a proposito, ho saputo che da vicino ce vedi bene ma da
lontano sei lesbica) diciamo chiaramente che rispetto a 'sti arabi semo agli antilopi,
perché so' solo degli animali, che vivono allo stato ebraico. Ora spezziamo
un'arancia in favore della pace, è inutile piangere sul latte macchiato, dobbiamo
anzi uni' l'utero ar dilettevole, evitando però de dacce la zuppa su li piedi!!! Tu hai
studiato molto, ma io sai so' n'auto de latta, ho iniziato affliggendo i manifesti,
quando c'era peluria d'operai, ma ora vivo bene, anche se nun c'ho le piume de
stronzo pe' famme aria. Da vecchio non voglio più essere di sgombro a questo
mondo, e quanno che moro me faccio cromare.

    Pace e pene

    Franciesco Toti

Totty e Ilary durante il viaggio di nozze visitano un giardino botanico; ad un certo
punto Ilary si gira e non vede più il pupone, cerca cerca dopo un po' lo trova
arrampicato sopra un albero:

"A Francè che stai a fà su quell'albero, voi scenne che se ne annamo, che ce sei
salito a fà?"

"Leggi che ce stà scritto sur cartello attaccato all'albero..."

Ilary si avvicina al cartello e legge "SALICE"

Calcio frasi famose

"Quando stringo la mano a un milanista me la lavo,
quando stringo la mano a uno juventino mi conto le dita."
(Peppino Prisco)

"Questo Milan le è piaciuto?"
"Si, debbo ammettere che mi è piaciuta la reazione singola della nostra squadra."
(Adriano Galliani)

"I nostri tifosi ci seguiranno dappertutto e con tutti i mezzi a disposizione come
pullman treni e voli charleston."
(Massimino pres. Catania)

Il presidente alla squadra: "Ragazzi mi raccomando attenzione perché c'è foschia."
L'allenatore sottovoce allo stopper: "Io non so chi sia questo Foschia, però lo
marchi tu!" (Allenatore dilettante bresciano)

"Ancora 5 anni e sarei diventato geometra."
(Alessandro "Spillo" Altobelli)

"Io non posso vivere senza il cazzo."
("Lapsus Freudiano" di Antonella Clerici su Raidue pensando al... calcio)

"I miei giocatori quando vedono il pallone devono essere arrapati!"
(Nedo Sonetti)

"Il Campobasso in questi ultimi 5 minuti ha passato ...un brutto quarto d'ora!!!"
(Gennaro Ventresca – Giornalista sportivo)

"Il mio giocatore era claudicante a un labbro."
(Pippo Marchioro)

"Tutti i miei figli sono interisti. Una volta mi hanno chiesto se mio figlio Luigi
avesse tifato per il Milan. Ho risposto: "Lui ha gli occhi azzurri ed è chiaro di
capelli, mentre io ero scuro e ho gli occhi neri. Se Luigi avesse tifato Milan, avrei
chiesto la prova del sangue. Perché a quel punto non mi sarei fidato neanche di mia
moglie."
(Peppino Prisco)

31

"Speriamo di esserci evolti."
(Carlo Ancelotti)

"In questa squadra ho a disposizione doppioni, triploni, quadripliconi nello stesso ruolo."
(Professor Scoglio all. Genoa)

"Montero ha subito la frattura del sesso nasale."
(Carlo Ancelotti)

"E' più facile che io impari il dialetto pugliese piuttosto che Antonio Cassano impari l'italiano."
(Gabriel Batistuta)

"Il Milan batte un calcio d'angolo da posizione favorevole"
(Tutto il calcio minuto per minuto – Brescia Milan 26/08/2001)

Ai microfoni di una tv locale: "La nostra è una squadra crostacea."
(Giancarlo Magnani)

"Certo che questo giocatore il piede sinistro lo usa solo per la frizione!"
(Beppe Dossena, TMC)

"L'arbitro manda i giocatori al riposo definitivo"
(Bruno Pizzul)

"Dicono che gli errori degli arbitri cor tempo se compensano. Allora dico: fate presto perché io sto quasi per andà in pensione e sto sempre in rosso."
(Carlo Mazzone)

"Vedo un sorriso come nemmeno Giotto riuscì a fare alla Gioconda."
(Maria Teresa Ruta in collegamento)

"Per vincere occorre che il portiere pari, i difensori difendano, gli attaccanti attacchino e i centrocampisti... centrocampastino!"
(Arrigo Sacchi)

"... questo giocatore ha un grande bagagliaio tecnico."
(Anastasi telecronista di Tele + durante una partita di serie B)

"Sono fiducioso, a Parma non ho mai perso!
...anche perchè non ci ho mai giocato."
(Roy Hodgson prima di Parma-Inter)

"Per la partita di oggi sono stati venduti 50.000 spettatori."
(Bruno Pizzul)

"La squadra ha perso pure oggi, e sono 6 partite che non vinciamo, ma non mi
abbatto... peggio di così non si puo fare!"
(Massimo Moratti)

"La squadra inglese ha erto una diga a centrocampo."
(Bruno Pizzul, telecronaca di Italia-Inghilterra, 11/10/1997)

"Per una telefonata, non sono diventato allenatore dell'inter: non mi ha telefonato
nessuno! E meno male!"
(Renzo Ulivieri)

"Allora mi sono girato su se stesso."
(Riccardo Ferri)

"E' l'ultimo anello che mancava al nostro collage."
(Sandro Ciotti)

"Siamo giunti al minuto che intercorre tra il 16° e il 18°."
(Sandro Ciotti)

"Sono passati, dopo 47 minuti, i primi 45 minuti di gioco."
(Telecronista tutto il calcio minuto per minuto)

"E' vero, abbiamo perso, ma non posso proprio amputare niente ai miei ragazzi."
(Renzo Ulivieri)

"Ferri ha riportato – lo dico per tranquillizzare i familiari – la frattura della
mandibola."
(Enzo Foglianese)

"I tifosi saranno per sempre nei miei cuori."
(Stefano Tacconi, portiere)

"Era difficile fare gol, perché la squadra avversaria ha eretto davanti alla propria area una linea majoret."
(G. Di Marzio)

"L'arbitro annota sul suo tacchino."
(Marco Civoli)

"E voglio così porre fine alla polemica tra me ed il sottoscritto."
(Fabio Noaro, telecronista sportivo)

"E' veramente un onore fare qualcosa per questi bambini baciati in fronte dalla sfortuna."
(Altobelli ad una partita di beneficenza)

"Cameriere questo prosciutto sa di pesce!" (era salmone affumicato)
(Antonio Sibilia ex presidente Avellino calcio)

"Se i ritiri facessero bene, la squadra dei carcerati sarebbe campione del mondo!"
(Mauro Bellugi a Tv sette, 25 marzo 2001)

"Guardando i risultati, posso dire che siamo sullo stesso pianerottolo delle altre!"
(Giovanni Trapattoni, campionato '90/91)

Leggendo la formazione sul poster: "accosciati... e quando l'abbiamo comprato questo?"
(Cavaliere Pignatelli Presidente del Taranto '90)

Presidente: "Fummo andati in Brasile e comprammo Juary..."
Giornalista con mezzo sorriso: "Presidente... 'Siamo'... "
Presidente un po' spazientito: "Dicevo che fummo andati in Brasile e compr..."
Giornalista con sorriso mal trattenuto: "Presidente... SIAMO!"
Presidente con tono iracondo: "Ma che si' venuto pure tu?"

"al gol del Parma la panchina si è alzata"
(Mazzocchi) ...Miracolo al Tardini...

"Meglio Totti o Falcao? E' come chiedermi se preferirei avere il cancro o le corna."
(De Sisti) ...Questione di scelte...

"Se la Roma vuole Emerson ci deve dare la Ferilli!"
(Rudi Voeller) ...Proposta indecente...

"Qui in Turchia non ho problemi di stress, non capisco quello che mi dicono."
(Zednek Zeman)

"Devono limitare il numero degli stranieri per squadra. Con cosi' pochi italiani in ritiro non trovo mai nessuno che sappia giocare a scopa."
(Gianluca Pagliuca) ...Problemi insormontabili....

"Non è vero che la palla è rotonda. Se la tocca Platini è rotonda, se la tocco io è quadrata." (Arrigo Sacchi)

"Sesa sostituito dal tecnico dei salatini, scusate, volevo dire salentini"
(Emanuele Dotto) ...Derby degli aperitivi.....

"Ho visto la palla che mi arrivava, ho tirato una cagliosa e ho visto la rete che si abbuffava"
(Giuseppe Bruscolotti commentando il suo primo gol in serie A)

Ancora calcio

L'allenatore del Napoli, Gigi Simoni, invia degli osservatori fidati in giro per il mondo per cercare una nuova punta in grado di far raggiungere la Serie A al Napoli. Uno degli osservatori gli dice di un ragazzo iracheno che, secondo lui, diventerà un fuoriclasse. Simoni va in Iraq a visionarlo, rimane ben impressionato e lo fa acquistare. Due settimane più tardi, il Napoli sta perdendo 4 a zero in casa con l'Atalanta a 20 minuti dalla fine. Simoni fa una sostituzione e manda in campo il ragazzo iracheno. Incredibile! Segna cinque reti negli ultimi venti minuti ed il Napoli vince. I tifosi sono in delirio, i giocatori, tutto lo staff ed i giornalisti lo adorano.

Appena esce dal campo, telefona subito alla mamma per raccontarle della sua prima partita nel campionato Italiano:

- Ciao Mamma, indovina un po'?!? – le dice – Ho giocato per 20 minuti oggi, stavamo perdendo 4 a zero, ma io ho segnato 5 gol ed abbiamo vinto! Tutti mi amano, i tifosi, i giocatori ed i giornalisti. Tutti!!!

- Bravo, - risponde la madre – adesso ti racconto della mia giornata: hanno sparato e ferito tuo padre per strada, io e tua sorella siamo state derubate e picchiate, e tuo fratello è entrato a far parte di una banda di ladruncoli! Tutto questo mentre tu ti stavi divertendo...

Il giovanotto ci rimane malissimo:

- Cosa posso dirti Mamma... mi dispiace...

- Ti dispiace??? TI DISPIACE??? E' solo tutta colpa tua se siamo venuti a vivere a Napoli!!!

Un mafioso ordina ad un suo subalterno di uccidere un tizio e di far si che sembri un suicidio. Il subalterno risponde: "Semplicissimo e'.....lo impicco." Allora il capo risponde: "Si ma come fai a farlo sembrare un vero suicidio?" Risposta: "Semplicissimo e'.......uso una sciarpa dell'Inter."

Sorpresa

Passano i minuti e tu non arrivi
passano le ore e tu non arrivi,
passano i mesi e tu non arrivi
mmmmm ho trovato un bel nascondiglio.

Io e te seduti accanto in macchina
Sotto una pioggia battente
Parlare delle nostre incomprensioni
All'improvviso fuggire via da te
Senza dire una parola
Brividi freddi mi corrono lungo la schiena
E gocce di sudore mi imperlano la fronte
Il dolore mi fa contorcere
Come una foglia verde tra le fiamme
Mentre sto qui seduto tremante
L'universo intorno a me si espande.
Che brutta cosa la diarrea...

Vedo.
Vedo un camoscio
e gli stambecchi saltare
un'aquila vola in alto
e le marmotte zampettano circospette...
Amore, sei sicura che di qui si va a Rimini?

Suonai.
Lei mi apri' con un sorriso.
Non e' facile, provate voi.

A volte ti sento così vicina...
A volte ti sento così lontana...
Certo che hai proprio un cellulare di merda!

Annuso i tuoi capelli
e sento l'odore dei campi di grano.
Sfioro le tue labbra
e sento il sapore del Mediterraneo.

Soffio sulla tua pelle
e sollevo nell'aria l'effluvio dei boschi.
Fatti una doccia una volta ogni tanto!!

E' tornata la primavera e ci ha trovati ancora qui.
Poi è arrivata l'estate e ci ha trovati ancora qui.
Poi è giunto l'autunno e ci ha trovati ancora qui.
Quindi, puntuale, è ritornato l'inverno e ci ha trovati ancora qui...
Mai visto uno sciopero dei treni così lungo!!

<u>Freddure</u>

"Si schiaccia in poltrona..." "Cihuahua"

"Il senso sviluppato nei polpastrelli" "Lu...dito"

"Fa coppia con Giulietta" "Romeo"
"No, è più lunga!" "Alfetta"

"E' obbligatorio sulla moto" "Impennare"

"Complesso di inferiorità" "I Pooh"

"Si urla al torero" "Occhio!"

"Puo' causare esaurimento nervoso" "Inter"

"Schiarisce col tempo" "Michael Jackson"

"Simile a una monovolume" "Platinette"

"L'accompagna il dolce" "Gabbana"

"Uguale alla colla" "Suocera"

"Fine del pasto" "Rutto"

"Balla coi lupi" "Miope"

<u>Vere frasi lette a Napoli</u>

"PANE FRESCO CALDO"

(vendite immobiliari)
"VENDESI GELATERIA, LIQUIDO TUTTO"

(mobiliere)
"SI VENDONO LETTI A CASTELLO PER BAMBINI DI LEGNO"

"SI VENDONO MOBILI DEL SETTECENTO NUOVI"

"CARNE BOVINA OVINA CAPRINA SUINA POLLINA E CONIGLINA"

(polleria)
"POLLI ARROSTO ANCHE VIVI"

"SI AMMAZZANO GALLINE IN FACCIA"

"SI VENDONO UOVA FRESCHE PER BAMBINI DA SUCCHIARE"

(sfasciacarrozze)
"QUI SI VENDONO AUTOMOBILI INCIDENTATE MA NON RUBATE"

(fioraio)
"SE MI CERCATE SONO AL CIMITERO.....VIVO"

"SI INVIANO FIORI UN TUTTO IL MONDO VIA FAX"

(abbigliamento)
"NUOVI ARRIVI DI MUTANDE, SE LE PROVATE NON LE TOGLIETE PIU'"

"NON ANDATE ALTROVE A FARVI RUBARE, PROVATE DA NOI"

"IN QUESTO NEGOZIO DI QUELLO CHE C'E' NON MANCA NIENTE"

"AL REPARTO BAMBINI 3 AL PREZZO DI 2"

"SI VENDONO IMPERMEABILI PER BAMBINI DI GOMMA"

(autofficina)
"VENITE UNA VOLTA DA NOI E NON ANDRETE MAI PIU DA NESSUN'
ALTRA PARTE"

"SI RIPARANO BICICLETTE ANCHE ROTTE"

(derattizzanti)
"QUI ULTIMA CENA PER TOPI"

(lavanderia)
"SI SMACCHIANO ANTILOPI"

(sul citofono caserma Carabinieri)
"ATTENZIONE PER SUONARE PREMERE, SE NON RISPONDE NESSUNO
RIPREMERE"

Domande

1) Come mai le donne non riescono a mettersi il mascara tenendo la bocca chiusa?

2) Come mai per chiudere Windows si debba cliccare su "start"?

3) Come mai la Lemonsoda è fatta con aromi artificiali e nel detersivo per i piatti trovi vero succo di limone?

4) Quando producono un nuovo cibo per cani "più gustoso", in realtà chi lo ha assaggiato?

5) Perché Noè non ha lasciato affogare quelle due zanzare?

6) Perché sterilizzano l'ago prima di praticare le iniezioni letali?

7) Conoscete le indistruttibili scatole nere degli aerei? Perché cavolo non ci fanno tutto l'aereo con quella roba???

8) Perché le pecore non si restringono quando piove?

9) Se volare è così sicuro, come mai quello dell'aeroporto lo chiamano Terminal?

Veloci

"C'è stato un momento nella mia vita nel quale ho avuto due donne."
"E poi...?"
"Ho cambiato tre carte e mi e' entrato un Full!"

Le mie figlie hanno sposato due salumieri.
Ho due generi alimentari.

Sai come fanno i cinesi a scegliere il nome da dare al figlio appena nato?
Buttano giù per le scale una scatola di chiodi, sentono il rumore e lo
chiamano così.
Giancarlo Bozzo

CLIENTE: Quanto costa il taxi?
TASSISTA: Beh, dipende dal tempo...
CLIENTE: Supponiamo che piova...
(Fichi D'India)

Dio creò la Padania, poi si accorse dell'errore e creò la nebbia.
(Scritta su un muro di Napoli)

Il marinaio spiego' le vele al vento....
Il vento non lo capi'!

Se la montagna viene da te e tu non sei Maometto...
Corri, perche' e' una frana!!

La bambina, fermandosi sulla soglia della porta dei genitori e vedendoli, disse: "E
voi vorreste portare me dallo psicologo perche' mi succhio il dito?"

A Natale bisogna essere piu' buoni.
Se ti fregano il posto per la macchina ricorda che e' Natale.
Non rigargli la fiancata con la chiave, scrivigli sopra 'Buone Feste'.

Quando Abramo libero' gli Ebrei dall'Egitto, il faraone tento' di fermarlo dicendo:
"Don't touch my ebrei!"

Marito e moglie stanno guardando il pozzo dei desideri.
Lei si sporge troppo precipitando giu', e lui:
"Perbacco, funziona!"

Napoli, un rapinatore sale su un autobus e grida:
"Fermi, questa e' una rapina!"
Un signore si alza e dice:
"Maronna mia....che spavento! Pensavo fosse 'o controllore!"

Il sole alla cacca:
"Domani saro' alto e grande nel cielo."
La cacca:
"Beh, questo mi secca un po'!"

Licitazione all'italiana

Il sindaco di Roma organizza una gara d'appalto per pitturare la facciata del
Municipio ed arrivano 3 preventivi di un francese, un inglese ed un napoletano.
Quella del francese è di 30.000 €, quella dell'inglese 60.000 e quella del
napoletano 90.000.
Vista tale differenza, il sindaco convoca i concorrenti uno ad uno, affinchè
giustifichino il loro preventivo di costo.
Il francese dice che usa pittura acrilica per esterni a due strati e che costa 10.000 €.
Equipaggiamenti ed assicurazioni altri 10.000. Il restante è mano d'opera.
L'inglese giustifica il suo preventivo dicendo che è il miglior pittore, la vernice è
in poliuretano a 3 strati il cui costo è di 20.000 €.
Equipaggiamenti ed assicurazioni: altri 20.000. Restante: mano d'opera.
All'ultimo viene aggiudicata la gara: il Sindaco assicura che è il preventivo meglio
giustificato. Infatti il napoletano dice: "Signor Sindaco, 30.000 sono per lei, 30.000
per me, ed il restante per quel ricchione del francese perché ci pitturi la facciata del
comune."

Dialetto

arcigno: istigazione romanesca per colpire l'animale in questione con una sassata;
attendibile: degno di essere aspettato;
autunno: istigazione siciliana per colpire il pesce nella tonnara;
balestra: luogo attrezzato per la palestra degli extracomunitari africani;
bastardo: mezzo pubblico londinese mai in orario;
bastiglia: compressa extracomunitaria africana;
borgo: inizio di bestemmia extracomunitaria africana;
cadetto: cosa? in dialetto romanesco;
caraffa: altro modo romanesco per definire persona ingorda che vuole tutto per sé;
cinquina: rappresentazione numerica dello smog;
collasso: piglia tutto (slang dei giocatori di carte);
dandy: numerosi (dialetto avellinese);
degente: passabile (dialetto avellinese);
dissenteria: non sarei d'accordo (dialetto veneto);
elmetto: lo inserisco (dialetto veneto);
encefalo: esclamazione di pescatore romano tirando su la canna e vedendo il pesce;
fondente: nobile dentista tedesco;
melassa: pessimistica previsione di innamorato napoletano;
meno: annuncio minaccioso spesso accompagnato da cazzotto;
mestolo: nano di Biancaneve addetto alle cucine;
oleandro: modo toscano di apostrofare un amico;
ovile: il codardo napoletano;
parigino: sembri Luigi (in romanesco);
prevenuto: persona di sesso maschile reduce da eiaculatio precox;
prelevare: coitus interruptus;
rimorso: risultato ottenuto concedendo nuova fiducia ad un cane;
scotch: superalcolico adesivo;
sincero: romano che si duole di essere stato presente (es: sincero era mejo);
vermut: grosso lombrico preistorico.

Dizionario

ABECEDARIO: Espressione di sollievo di chi s'e' accorto che c'e' anche Dario

AEROFAGIA: Fenomeno caratteristico della zona di Ustica

AZOTO: Ultima lettera dell'alfaboto

BALALAICA: Testicolo anticlericale

BEONE: Essere il n.1

FARISEI: Gruppo ottico costituito da anabbaglianti, abbaglianti e fendinebbia

FREGATA: Unita' navale sottratta al nemico

INDOSTANO: "dove li hanno messi?" (gergale)

NIENTEPOPODIMENO: Lassativo molto molto potente

PALAFITTA: Intenso dolore al testicolo

PANGRATTATO: Pagnotta ottenuta poco lecitamente

PAPARAZZO: Missile vaticano

QUADRIGLIA: Pesce a quattro pinne; si distingue dalla triglia che ne ha tre, dalla biglia che ne ha due e dalla maniglia che ne ha una

ROMBO: Figura geometrica dal rumore caratteristico

SOMMARIO: Indicativo presente del verbo "Essere Mario"

STERZARE: Sottomultiplo di squartare

TACCHINO: Parte della scarpina

TOPONOMASTICA: Scienza che studia le ragioni per cui il ratto inghiotte il cibo intero

VERDETTO: Cosmetico verde (a differenza del rossetto che e' rosso)

Roma

Piccole storie, realmente accadute a Roma, dalle quali traspare il tipico carattere degli abitanti della Città Eterna.

Realmente accaduto a bordo della linea della Metro A.
Una signora espone il biglietto integrato giornaliero al controllore.
Signora: - Mi scusi, con questo posso viaggia' tutto er giorno?
Controllore: - Si nun ci'hai gnente da fa'... sì.

Realmente accaduto in via Nomentana.
Un signore alquanto anziano resta immobile con la sua auto allo scattare del verde e il ragazzo di dietro con una vettura alquanto sportiva abbassa il finestrino, si sporge e esclama:
"A nonno, guarda che più verde de così nun diventa!"

Zona imprecisata.
In mezzo al traffico c'è il tipico romano arrabbiato che dà una serie di colpi di clacson inutili perché non c'è proprio spazio per fermarsi. Dopo il quarto-quinto colpo di clacson, un tizio sul ciclomotore davanti a lui (che ormai era assordato dal frastuono) dice:
"A capo, er clacson funziona, mo' prova 'n po' li fari!"

Sentita in zona Boccea.
Un tizio di mezza età a bordo di un'Alfa 156 rivolgendosi al vecchietto a bordo di una vecchia Fiat 600 ferma al semaforo:
"Che aspettamo, che se mette 'n moto l'asfarto pe' annassene da 'st'incrocio!?"

Sentita a Porta Maggiore.
Al semaforo un'automobile in prima fila non parte, nonostante sia diventato verde da un po', e uno da dietro urla:
"A more', ci' avemo solo quei tre colori: è 'scito 'r verde, che volemo fa?"

Udita in un mercato rionale.
Il pescivendolo testimonia la freschezza della propria merce urlando a squarciagola:
"Ahò, 'sti pesci nun so' morti: stanno a dormi'!"

In ambito internazionale è importantissimo conoscere e parlare correttamente la lingua inglese.
Roma ogni anno è visitata da migliaia di turisti, cosi' per aiutare i cittadini è stato commissionato un _Dizionario Inglese-Romano_ di cui forniamo alcuni stralci:

WHEN IT WANTS, IT WANTS
quanno ce vo' ce vo'

BUT MAKE ME THE PLEASURE
ma famme 'r piacere

DON'T EXTEND YOURSELF
nun t'allargà

BUT, FROM WHEN IN HERE?
ma da quanno 'n qua

NOT EVEN TO THE DOGS!
Manco a li cani!

WHICH GOD TAXI DRIVER!
che Dio t'assista

BUT WHAT ARE YOU STAY TO MAKE?
ma che te stai a fa'?

BUT WHO MAKES ME MAKES IT
ma chi me lo fa fa'

RIGHT TO BE LIGHT
giusto pe' èsse chiari

BUT OF WHAT
ma de che

HOW DOES IT THROW?
come te butta?

I AM TIRED DEAD
so' stanco morto

WHO WIRES YOU!
chi te se fila!

WHO HAS BEEN SEEN, HAS BEEN SEEN
chi s'è visto s'è visto

TODAY IT'S NOT AIR
oggi nun è aria

BY FEAR!
da paura!

GIVE IT TODAY AND GIVE IT TOMORROW
daje oggi e daje domani

PLEASE RE-TAKE YOURSELF
aripìjate!

STAND IN THE BELL, LITTLE BROWN (DARK)
sta 'n campana, moré

STAY BEEF
stai manzo

WE ARE AT HORSE
semo a cavallo

THERE ISN'T TRIPE FOR CATS
nun c'è trippa pe' gatti

I'M SO HUNGRY THAT I DON'T SEE
c'ho 'na fame che nun ce vedo

ROMAN JUMP IN MOUTH
saltimbocca alla romana

YOU REJUMP ME
m'arimbarzi

IT DOESN'T MAKE A FOLD
nun fa 'na piega

I OPEN YOU IN TWO LIKE A MUSSELL
t'apro 'n due come 'na cozza

SPEAK LIKE YOU EAT
parla come magni

I'VE MY LEGS THAT ARE DOING JAMES JAMES
c'ho le gambe che me fanno giacomo giacomo

GIVE TO THE HEEL, GIVE TO THE TIP
daje de taco, daje de punta

YOU GOT MORE COMPLEXES THAN THE FIRST OF MAY CONCERT!
c'hai più complessi tu ch'er concerto der primo maggio!

FROM FIRE
da fogo

COW DAY
vacca dì

YOU ARE OUT LIKE A BALCONY
stai fòri come 'n barcone

Anche per gli italiani il linguaggio usato a Roma puo' essere di difficile
comprensione; eccovi spunti dal *Dizionario romano-italiano*:

SEI TARMENTE BRUTTO CHE SE T'AVVICINI AR COMPUTER PARTE
L'ANTIVIRUS:
La tua bruttezza è talmente spiccata da mettere a repentaglio anche la sicurezza di
qualunque essere o oggetto che dovesse venire a contatto con la tua persona

SEI COSÌ BRUTTO CHE NUN TE SORRIDONO MANCO LI SOFFICINI:
Voglio esprimerti tutta la mia umana vicinanza perché immagino sia frustrante
essere stato l'unico bimbo a cui i "Sofficini" non hanno sorriso. È un riferimento a
un celebre spot pubblicitario

ABBITI 'NA LIANA DOPO TARZAN:
La tua dimora non è in tutto e per tutto pratica da raggiungere

SEI TARMENTE BRUTTA CHE BISOGNA GUARDATTE CO' 'R DECODER:
Sei così brutta che per avere un'immagine decente di te bisogna usare un decoder
simile a quelli necessari per i canali Tv satellitari

TE DO 'NA PIZZA CH'ER TELEFONINO TUO DA FAMILY DIVENTA
ORFANY:
Mi sto accingendo a picchiarti in maniera alquanto violenta

QUELLA È LA TU' RIGAZZA, O TE C'HANNO VOMMITATO ACCANTO?:
Complimenti a tua ragazza, ammesso che sia una ragazza, non passa certo
inosservata

C'HAI ER NASO COSÌ LUNGO CHE NUN TE SE CHIUDE LA CARTA
D'IDENTITÀ:
Enfatizzazione ironica delle dimensioni del naso di un individuo. Ne esistono
varie versioni: questa è quella surreale

SEI COSÌ BRUTTO CHE SI LANCI 'N BOOMERANG QUELLO CE PENSA
DU' VÒRTE PRIMA DE TORNÀ 'NDIETRO:
La tua bruttezza non lascia insensibili nemmeno gli oggetti inanimati che si
guardano bene dallo stare a stretto contatto con te

È LA TU' RIGAZZA O STAI A FA' VOLONTARIATO?:
Ti confesso di non condividere pienamente le tue scelte in materia sentimentale

FATTE 'A MAPPA DE LI DENTI, CHE MO' TE LI MISCHIO:
Ti sto per picchiare al volto

ME SO' BUTTATO SUR LETTO COME INZAGHI IN AREA DE RIGORE:
Essendo veramente stanco mi sono letteralmente buttato sul letto. Molto efficace il
riferimento con il mondo calcistico

TE FACCIO PASSÀ 'N MEZZO A 'N INCROCIO DE SCHIAFFI CHE NUN SAI
MANCO A CHI DEVI DA' 'A PRECEDENZA:
Ti percuoterò pesantemente

SEI COSÌ BRUTTO CHE TU' MADRE, QUANN'ERI REGAZZINO, TE
METTEVA NER PASSEGGINO E SE VERGOGNAVA TARMENTE TANTO
CHE TE MANNAVA 'N GIRO CO"R TELECOMANDO:
La tua bruttezza è tale da spingere i tuoi genitori a non riconoscersi come tali

ARIVI COME 'N RUTTO DOPO 'NA SPRAIT!:
Ti stavamo proprio aspettando. Si noti che il breve lasso di tempo che intercorre tra
il bere la famosa bibita "Sprite" e l'emissione del fatidico "rutto" viene equiparato
alla sbrigatività di colui che sopraggiunge

SEI TARMENTE GRASSA CHE SUR CELLULARE 'NVECE DE "TIM"
T'HANNO SCRITTO "TIR":
Non sei affatto simile ad una top-model. Ti consiglio pertanto di fare una bella
dieta

SEI TARMENTE BRUTTO CHE L'OSTETRICA QUANNO SEI NATO 'NVECE
DE DA' 'NO SCHIAFFO A TE, L'HA DATO A TU' MADRE:
Dicesi di persona non propriamente di aspetto gradevole

SEI COSÌ STUPIDO CH'ER CÒRE TUO SE STA A DOMANNÀ SE VALE 'A
PENA DE POMPÀ TUTTO QUEL SANGUE AR CERVELLO:
È inutile che ti sforzi in quanto la tua insufficienza intellettiva non può essere
colmata in nessun modo

NUN SEI PELATO, È CHE C'HAI LA RIGA LARGA:
Sei una persona con pochissimi capelli

MAGNI PIÙ DE MORENO:
Il tuo "appetito" di beni e ricchezze è smisurato. Riferimento all'eroico Byron
Moreno, giudice supremo delle vicende calcistiche dei mondiali 2002 che si sono
tenuti in Giapppone-Corea

AHÒ, MA CHE TE SEI MAGNATO LE UNGHIE? C'HAI L'ALITO CHE
GRAFFIA!:
Dovresti porre maggior attenzione nell'igiene orale

A PINOCCHIO, GIRATE DA 'N'ARTRA PARTE CHE ME STAI A CECÀ:
Stai mentendo spudoratamente

SEI TARMENTE BRUTTO CHE QUANNO TU' PADRE T'HA PORTATO
ALLO ZOO J'HANNO DATO DU' ELEFANTI DE RESTO:
La tua bruttezza è notevole e non riesco a guardarti nemmeno per un attimo

Titoli / Insegne

SI E' SPENTO L'UOMO CHE SI E' DATO FUOCO."
(Giornale di Sicilia, 1998)

"FA MARCIA INDIETRO E UCCIDE IL CANE, FA MARCIA AVANTI E
UCCIDE IL GATTO."
(Corriere della Sera, 1992)

"INCREDIBILE! ALL'AEROPORTO SPARISCONO LE VALIGE DEL MAGO
SILVAN."
(Il Messaggero del 29/08/01)

"CINQUECENTO CONTRO UN ALBERO, TUTTI MORTI."
(La Provincia Pavese)

"VENDO GIOCHI E SERVIZI DI CARNEVALE.
ASTENERSI BURLONI E PERDITEMPO."

UN TIZIO HA SCRITTO UN CARTELLO:
"VENDESI AUTO TELEFONARE ORE PASTI FRANCO. L'AUTO E'
URTATA, STRISCIATA E UN PO' AMMACCATA."
 SUL CARTELLO GLI HANNO AGGIUNTO:
"A FRA' ....MAGNA TRANQUILLO."

"QUESTA MACELLERIA RIMANE APERTA LA DOMENICA SOLO PER I
POLLI."
(Insegna di un negozio di Roma)

"PER OGNI TAGLIO DI CAPELLI VI FAREMO UNA LAVATA DI CAPO
GRATIS."
(Insegna di un negozio di Reggio Calabria)

"VENDO TUTTO PER ESAURIMENTO."
(Insegna in un negozio di Brescia)

"ELIMINAZIONE TOTALE BAMBINI A SOLE 29.000."
(Insegna in un negozio di abbigliamento di Trieste)

"SI FANNO GIACCHE ANCHE CON LA PELLE DEI CLIENTI."
(Cartello in un negozio di confezioni di Latina)

"SI AVVERTE IL PUBBLICO CHE I GIORNI FISSATI PER LE MORTI SONO
IL MARTEDI' E GIOVEDI'."
(Ufficio anagrafe di Reggio Calabria)

Suocera

L'altra mattina alle 7.30 hanno suonato alla porta.
Con un occhio chiuso e uno aperto sono andato ad aprire.
Era mia suocera, mi fa:
"Posso restare qui una settimana?"
"Certo"
... e ho chiuso la porta.

Dilemma: c'è un incendio a casa vostra,
voi potete salvare solo una
tra vostra moglie e vostra suocera,
cosa fate?
Andate al cinema o a teatro?

Americani

Conversazione realmente registrata sulla frequenza di emergenza marittima sul canale 106 a largo della costa di Finisterra (Galicia), tra galiziani e americani, il 16 ottobre 1997.

Spagnoli: (rumore di fondo)... Vi parla l'A-853, per favore, virate 15 gradi sud per evitare di entrare in collisione con noi. Vi state dirigendo esattamente contro di noi, distanza 25 miglia nautiche.

Americani: (rumore di fondo)... Vi suggeriamo di virare 15 gradi nord per evitare la collisione.

Spagnoli: Negativo. Ripetiamo, virate 15 gradi sud per evitare la collisione

Americani: (un'altra voce) Vi parla il Capitano di una nave degli Stati Uniti d'America. Vi intimiamo di virare 15 gradi nord per evitare la collisione.

Spagnoli: Non lo consideriamo fattibile, ne' conveniente; vi suggeriamo di virare di 15 gradi per evitare di scontrarvi con noi.

Americani: (tono accalorato) VI PARLA IL CAPITANO RICHARD JAMES HOWARD, AL COMANDO DELLA PORTAEREI USS LINCOLN, DELLA MARINA DEGLI STATI UNITI D'AMERICA, LA SECONDA NAVE DA GUERRA PIU' GRANDE DELLA FLOTTA AMERICANA. CI SCORTANO 2 CORAZZATE, 6 DISTRUTTORI, 5 INCROCIATORI, 4 SOTTOMARINI E NUMEROSE ALTRE NAVI D'APPOGGIO. NON VI "SUGGERISCO", VI "ORDINO" DI CAMBIARE LA VOSTRA ROTTA DI 15 GRADI NORD. IN CASO CONTRARIO CI VEDREMO COSTRETTI A PRENDERE LE MISURE NECESSARIE PER GARANTIRE LA SICUREZZA DI QUESTA NAVE. PER FAVORE OBBEDITE INMEDIATAMENTE E TOGLIETEVI DALLA NOSTRA ROTTA!!!

Spagnoli: Vi parla Juan Manuel Salas Alcantara. Siamo 2 persone. Ci scortano il nostro cane, il cibo, 2 birre, e un canarino che adesso sta dormendo. Abbiamo l'appoggio della stazione radio "Cadena Dial de La Coruña" e il canale 106 di emergenza marittima. Non ci dirigiamo da nessuna parte, visto che parliamo dalla terra ferma, siamo nel faro A-853 di Finisterra sulla costa Galiziana. Non abbiamo la più pallida idea di che posto abbiamo nella classifica dei fari spagnoli. Potete prendere le misure che considerate opportune e fare quel cazzo che vi pare per garantire la sicurezza della vostra nave di merda che si sfracellerà sulla roccia. Pertanto insistiamo di nuovo e vi suggeriamo di fare la cosa più sensata e di cambiare la vostra rotta di 15 gradi sud per evitare la collisione.

Americani: Bene, ricevuto, grazie.

Questo e' un estratto dal <u>libro americano</u> "Disorder in the Court".
Sono frasi che sono realmente state dette davanti al giudice, parola per parola, e
raccolte dai reporter...
Legenda:
A = avvocato,
T = testimone

A: Quando compie gli anni?
T: Il 15 luglio.
A: Di quale anno?
T: Tutti gli anni.
(Eh, quando uno ha ragione ha ragione...)

A: Questa amnesia... concerne tutte le sue memorie?
T: Si.
A: E come influenza la sua memoria?
T: Mi dimentico.
A: Si dimentica. E puo' farci un esempio di qualcosa che ha dimenticato?

A: Quanti anni ha suo figlio? Quello che vive con lei.
T: 38 o 35, mi confondo sempre...
A: E da quanti anni abita con lei?
T: 45 anni.

A: Cosa fu la prima cosa che le disse suo marito appena svegliato?
T: Mi disse: "Dove sono Cathy?"
A: E perché lei si arrabbio'?
T: Io mi chiamo Susan.

A: Aveva tre bambini, vero?
T: Si
A: Quanti maschi?
T: Nessuno
A: E c'erano delle femmine?

A: Come fini' il suo primo matrimonio?
T: Con un decesso.
A: È finito con il decesso di chi?

A: Puo' definirmi la persona che ha visto?
T: Era di statura media e aveva la barba
A: Era un uomo o una donna?
(eh si, esistono anche quelle...)

A: Tutte le tue risposte devono essere orali, ok?
Quale scuola hai frequentato?
T: Orali.

L'interrogatorio col dottore
A: Dottore, quante autopsie ha fatto su persone decedute?
T: Tutte le autopsie che ho fatto erano su persone morte.
(per fortuna!)

A: Si ricorda a che ora ha cominciato l'autopsia?
T: Verso le 8:30 del mattino.
A: E il signor Dennington era gia' morto in quel momento?
T: No, stava seduto sul tavolo e si chiedeva come mai io gli stessi facendo
un'autopsia...
(qui l'avvocato fa finta di non sentire la risposta... ma...)

A: Dottore, prima di cominciare con l'autopsia, ha provato il polso?
T: No.
A: Ha misurato la pressione sanguigna?
T: No.
A: Si e' assicurato che il paziente non respirasse?
T: No.
A: È possibile allora che il paziente fosse ancora vivo mentre lei faceva l'autopsia?
T: No.
A: E come fa ad esserne cosi' sicuro dottore?
T: Perché il suo cervello stava in un vaso sopra il mio tavolo.
A: Poteva il paziente nonostante cio' essere ancora in vita?
T: Si, e' possibile che fosse ancora in vita e stesse praticando la professione di
avvocato da qualche parte...
(Questa risposta costo' al dottore 3000 dollari di multa per oltraggio alla corte. Li
pago' senza battere ciglio, ma con soddisfazione...)

Religiose

Pietro

E' la sera del 24 dicembre; Gesù ha radunato gli amici a casa sua per il cenone natalizio (che coincide casualmente con la sua festa di compleanno). Arriva Paolo con 3 panettoni; dopo arrivano Giovanni con lo spumante e Marco con il pandoro. Dopo un poco arrivano gli altri, Matteo, Giuda ecc., chi con la frutta secca, chi con il vino, chi con i ricciarelli. Tutti meno Pietro; si aspetta una buona mezz'ora ma Pietro non arriva. Dopo un'ora si sente bussare alla porta; Gesù va ad aprire e vede Pietro in compagnia di un uomo e una donna; lui basso, col vestito gessato, la coppola e gli stivaletti con i tacchi alti; lei bassa, grassa, con i baffi, i capelli unti, le gambe pelose, la gonna lunga, i gambaletti e le ciabatte. Gesù li vede e dice a Pietro:

"Ma Pietro!! T'avevo detto i torroni!"

TRE MOTIVI PER DIRE CHE GESU' ERA IRLANDESE:
Non si è mai sposato.
Non ha mai avuto un lavoro fisso.
La sua ultima richiesta è stata qualcosa da bere.

TRE MOTIVI PER DIRE CHE GESU' ERA PORTORICANO:
Si chiamava Jesus.
Aveva costantemente guai con la legge.
Sua madre non era sicura di chi fosse suo padre.

TRE MOTIVI PER DIRE CHE GESU' ERA GRECO:
Parlava gesticolando.
Beveva vino ad ogni pasto.
Lavorava nel settore delle costruzioni.

TRE MOTIVI PER DIRE CHE GESU' ERA NERO:
Chiamava tutti "fratello".
Non aveva un indirizzo fisso.
Nessuno lo voleva assumere.

TRE MOTIVI PER DIRE CHE GESU' ERA CALIFORNIANO:
Non si tagliava mai i capelli.
Era sempre scalzo.
Ha inventato una nuova religione.

E FINALMENTE, LA PROVA CHE GESU' ERA ITALIANO:
E' andato a lavorare nell'impresa di suo padre.
Ha vissuto in casa fino a 33.
Era convinto che sua madre fosse vergine.
Sua madre era convinta che lui fosse Dio.

LETTERE DEI BAMBINI A GESU'

Caro Gesù,
al catechismo ci hanno chiesto cosa fai.
Quando stai in vacanza chi lo fa al tuo posto?
Marina.

Caro Gesù,
a carnevale mi travestirò da diavolo, ciai niente in contrario ?
Michela.

Caro Gesù Bambino,
come facevi a sapere che eri Dio?
Carlo.

Caro Gesù,
sei davvero invisibile o è solo un trucco?
Giovanni.

Caro Gesù,
la giraffa la volevi proprio così o è stato un incidente?
Patrizia.

Caro Gesù Bambino,
quando tuo padre ha fatto tutto l' universo non era meglio che invece che la
domenica si riposava anche gli altri giorni di scuola?
Enrico.

Caro Gesù Bambino,
è giusto che fai tante religioni ma non ti confondi mai?
                    Franco.

Caro Gesù Bambino,
Don Mario è un tuo amico oppure lo conosci solo per lavoro?
                    Antonio.

Caro Gesù,
mi piace tanto il padrenostro. Ti è venuta subito o l'hai dovuta fare tante volte? Io quello che scrivo lo devo rifare un sacco di volte.
                    Andrea.

Caro Gesù Bambino,
mi piacerebbe sapere come si chiamavano il tuo bue e il tuo asino.
                    Valentina.

Caro Gesù Bambino,
i peccati li segni in rosso come la maestra?
                    Chiara.

Caro Gesù Bambino,
come mai facevi tutti quei miracoli nei tempi antichi e adesso non ne fai più?
                    Giacomo.

Caro Gesù,
tu le cose le sai prima che sono inventate?
                    Donatella.

Caro Gesù,
quando hai fatto il primo uomo funzionava bene come funzioniamo noi oggi?
                    Tommaso.

Caro Gesù Bambino,
se te non facevi stinguere i dinosauri noi non ci avevamo il posto hai fatto proprio bene.
                    Maurizio.

Caro Gesù,
ecco una poesia:
Ti amo perché con quello che ci dai vivere ci fai
ma tu mi devi dire perché ci fai morire?
                    Daniele (8 anni)

Caro Gesù,
io sono italiano e tu?
                    Roberto.

Caro Gesù Bambino,
grazie per il fatellino ma io veramente avevo pregato per un cane.
                    Gianluca.

Caro Gesù Bambino,
come mai non hai inventato nessun nuovo animale negli ultimi tempi?
Abbiamo sempre i soliti.
                    Laura.

Caro Gesù,
per favore metti un altro po' di vacanza fra Natale e Pasqua.
In mezzo adesso non c'è niente.
                    Marco.

Caro Gesù Bambino,
per piacere mandami un cucciolo.
Non ho mai chiesto niente prima puoi controllare.
                    Bruno.

Caro Gesù Bambino,
vorrei che tu fai la gente in modo che non si rompe tanto. A me hanno dato tre
punti e una iniezione.
                    Sandra.

Caro Gesù Bambino,
forse Caino e Abele non si ammazzavano tanto se avessero avuto una stanza per
uno.
Con mio fratello funziona.
                    Lorenzo.

Caro Gesù,
Se noi torniamo a vivere in qualche modo, per favore non farmi essere come
Annalisa Beccacci perché è antipatica.
                    Diana.
Caro Gesù,
è tanto che aspetto la primavera ma non è ancora arrivata.
Non dimenticartela!
                    Silvia.

Caro Gesù,
non devi preoccuparti per me. Guardo sempre da tutte e due le parti.
                    Marco.

Caro Gesù Bambino,
per me la cucitrice è una delle tue più grandi invenzioni.
                    Rosanna.

Caro Gesù Bambino,
scommetto che per te è difficilissimo voler bene a tutti in tutto il mondo.
Nella mia famiglia siamo solo quattro e io non ci riesco mai.
                    Viola.

Caro Gesù Bambino
qualche volta penso a te anche se non sto pregando.
                    Riccardo.

Caro Gesù Bambino,
se guardi in chiesa domenica ti faccio vedere le mie scarpe nuove.
                    Michele.

Caro Gesù Bambino,
di tutti quelli che lavorano con te io preferisco S. Pietro e S. Giovanni.
                    Rino.

Caro Gesù Bambino,
mi chiamo Andrea e il mio fisico è basso, magrino, ma non debole.
Mio fratello dice che ho una faccia orrenda, ma sono contento perché così non avrò
quelle mogli che stanno sempre tra i piedi a fare pettegolezzi.
                    Andrea.

Caro Gesù Bambino,
non mi sono mai sentita più sola da quando ho scoperto che ci sei.
                    Nora.

Caro Gesù Bambino,
abbiamo studiato che Tommaso Edison ha inventato la luce.
Ma al catechismo dicono che sei stato tu. Per me lui ti ha rubato l' idea.
                    Daria.

Caro Gesù Bambino,
non credo che ci possa essere un Dio meglio di te. Bè volevo solo fartelo sapere ma
non è che te lo dico perché sei Dio.
                    Valerio.

Caro Gesù Bambino,
i cattivi ridevano di Noè, stipino, ti sei fatto un'arca sulla terra asciutta.
Ma lui è stato furbo a mettersi con tuo padre anch' io farei così.
                    Edoardo.

Caro Gesù Bambino,
Sei bravissimo, riesci sempre a mettere le stelle al posto giusto.
                    Caterina.
Caro Gesù,
lo sai che mi piace proprio come hai fatto la mia fidanzata Simonetta?
                    Matteo.

Caro Gesù,
Credevo che l' arancione stava male con il viola.
Ma poi ho visto il tramonto che hai fatto martedì, fortissimo.
                    Eugenio.

Politiche

Berlusconi

Confronto tra Berlusconi e Rutelli.
Esordisce Rutelli: - Avremmo dovuto vincere noi perché abbiamo uomini intelligenti: ora te lo dimostro. Fassino vieni qui!
- Dimmi Francesco...
- Risolvimi questo indovinello: "E' figlio di tuo padre ma non è tuo fratello, chi è?"
Fassino ci pensa e poi dice: - Sono io!
Berlusconi rimane sconvolto da questa prova di intelligenza. Allora torna nella "Casa delle Libertà" preoccupato e chiama Gasparri al quale dice: - Mi devi rispondere a questo indovinello, Fassino ha risposto in 10 secondi, vediamo cosa puoi fare tu...
E Gasparri: - Sulla Repubblica di Salò, sono preparato sulla Repubblica di Salò...
- E basta con questa Repubblica di Salò, rispondimi: "E' figlio di tuo padre ma non è tuo fratello."
Gasparri ci pensa, si sforza, ma poi si arrende: - Boh, non lo so, chi è?
E Berlusconi: - Guarda, non chiedermi perché, ma è Fassino...

Storia vera?
Berlusconi sta viaggiando sul suo elicottero con la famiglia. Ad un certo punto decide di gettare una banconota da 5 euro dicendo: "Cosi' faro' felici 5 persone!"
Interviene la moglie: "Buttane una da 10 euro, cosi' farai felice 10 persone!"
Allora la figlia entusiasta: "Papa', buttala da 50 euro! Farai felice 50 persone!"
A quel punto si gira il pilota dell'elicottero e rivolto a Berlusconi dice:
"Perche' non si butta Lei cosi' li fa felici tutti!?!"

Berlusconi fa naufragio con il suo yacht e arriva un motoscafo con a bordo 4 giovani in suo soccorso.
Berlusconi dice: "Ragazzi se mi salvate esaudiro' un desiderio per uno."
Il primo fa: "Io vorrei una Ferrari;" e Berlusconi: "Sara' fatto."
Il secondo: "Io vorrei un cottage in montagna;" e Berlusconi: "Non c'e' problema."
Il terzo: "Io vorrei una villa al mare." "Anche il tuo desiderio sara' esaudito."
Il quarto: "Io vorrei una sedia a rotelle;" e Berlusconi: "Mi consenti di chiedere come mai un regalo cosi' strano?"
E lui: "Perche' quando dico al mi' babbo che ho salvato Berlusconi mi spezza le gambe!!!"

Un uomo ricchissimo compra una Fiat Stilo, nella versione piu' lussuosa, tecnologicamente innovativa esistente. Paga uno sproposito, ma la macchina e' bellissima. Fatti pochi chilometri, decide di accendere la radio, ma non riesce neanche a trovarla. Il cruscotto, probabilmente progettato dalla NASA, contiene migliaia di dispositivi di tutti i tipi, ma nulla che somigli ad un'autoradio. Incazzatissmo, torna dal concessionario.

"Mi avete venduto una macchina costosissima, costa quanto un Concorde, ma non ha radio!"

Il venditore gli spiega che la radio, incorporata nell'infonavigatore satellitare, sfrutta un sofisticatissimo congegno di riconoscimento vocale, per cui basta dire il tipo di musica che ci vuole e lei la suona.

Il tizio riprende la macchina, fa pochi metri e dice: "Blues!" Subito la radio trasmette un bellissimo pezzo di B. B. King in dodecafonia dolby stereo surrond che neanche al Madison Square Garden si sente cosi'.

Dopo un po' decide di cambiare musica. Fa: "Rock!" e la radio commuta su un esaltante pezzo dei Deep Purple.

Dopo qualche minuto prova: "Bach!" e immediatamente parte il secondo Concerto Brandeburghese.

Beato dalla musica, non fa molta attenzione alla strada e quasi investe un ciclista imprudente. Incazzatissimo, gli grida: "Testa di cazzo!"

Subito la radio: "E adesso, dai microfoni di Radio Rai, la parola al presidente Silvio Berlusconi........."

In una caldissima mattina d'agosto del 2060 Emilio Fede viene a mancare all'affeto dei suoi cari.

Si ritrova cosi' alle porte del paradiso, al cospetto di San Pietro. Mentre sta per parlare con il piu' fidato segretario del capo supremo, nota che su di una parete ci sono milioni di orologi: uno per ogni abitante della terra.

Incuriosito, al momento del colloquio con San Pietro, chiede spiegazioni, il quale gli dice che gli orologi in verita' sono misuratori di bugie: ogni volta che uno dice una bugia le lancette compiono un giro completo di 360 gradi.

Incuriosito chiede come mai non ce ne sia uno destinato a Silvio Berlusconi, e San Pietro: "Ah, quello lo uso io come ventilatore nel mio ufficio!!!"

Berlusconi va dal dentista per una normale pulizia dei denti.
Terminato il lavoro prega il Dentista di mandare l'onorario al suo ufficio e se ne va.
Il giorno dopo gli giunge la fattura: 1.300.000 lire! Che? Per un'operazione cosi' breve – anche per il Berlusca non sono poche!
Invia comunque l'assegno richiesto accompagnandolo da questo biglietto: "Le invio la somma richiesta, anche se mi permetto far presente che son soldi rubati!"
Il giorno dopo il Dentista risponde:
"Lo so Presidente, ma non si preoccupi, non lo diro' a nessuno!"

All'inferno, Bush chiama negli Usa per sapere com'e' la situazione nel paese dopo la sua morte.
Parla per due minuti. Messo giu' il ricevitore, Satana gli dice che per la chiamata gli deve tre milioni di dollari.
Bush gli firma un assegno e paga.
La Regina d'Inghilterra, incuriosita, vuole fare lo stesso e chiama Londra.
Parla per cinque minuti, e Satana le chiede dieci milioni di sterline.
Anche Prodi, a quel punto, sente il bisogno di chiamare il suo paese.
Telefona e parla per tre ore.
Quando attacca, Satana gli dice che deve dargli 35 centesimi.
Prodi rimane attonito, avendo visto il costo delle chiamate degli altri, e chiede a Satana come mai sia tanto economico chiamare in Italia rispetto a Stati Uniti e Regno Unito.
E Satana: "Ascolta, vecchio caprone... con la finanziaria che hai approvato, il decreto Bersani, il casino della Telecom, le politiche sull'immigrazione, i contratti di lavoro, il costo della vita, hai reso l'Italia un vero inferno... E da Inferno a inferno la chiamata e' urbana."

Bush

Arafat telefona a Bush tutto affannato:
- 'Sig. Presidente volevo farle le mie condoglianze per questa grande nuova tragedia accaduta al popolo americano. Il mio popolo e' con il suo popolo durante queste ore diffic...'
- 'Arafat ma che cazzo sta dicendo???'
- 'Oh!! Il fuso orario !!! No, niente niente!! La chiamo domani !!!'

REALMENTE ACCADUTI

ANNUNCI

Regalo cucciolo di mastino docile e affettuoso, mangia di tutto, gli piacciono molto i bambini.

Vedovo sessantenne calvo, grandi baffi, cerca donna pari requisiti.

MEDICI E PAZIENTI

Lei ha dolori allo sterno? No, all' interno.

Nella sua famiglia c' e' ipertensione familiare?
No, solo ogni tanto devo dare qualche cazzotto a mia suocera.

Lei che reparto cerca?
Reparto malati morti, sono il cognato del cadavere.

A chi somiglia suo figlio ?
E' una sputazzata di suo padre.

Dice che prima di operarmi mi fanno un' autopsia generale.

Lei russa?
Solo se mi metto in posizione suina.

Sono venuta per prenotare un disagio ormonale, un test gravitazionale e un talpone vaginale.

Dottore, deve scusare se la mia ignoranza non è pari alla sua.

NECROLOGI

A 3 mesi dalla scomparsa La ricordano la figlia Addolorata ed il genero Felice.

Che Egli sia benedetto, ieri e' deceduto il Cavalier Luigi Fotte,
inconsolabile la moglie Giuseppina Fotte con i parenti tutti.

Ne danno il triste annunzio il marito Vittorio con i figli Teresa, Carlo,
Giovanni, Maria, Antonino, Concetta, Pasquale, Pinuccio e Rosetta.
Ricorda la cara moglie Rosalia, una donna che non seppe mai dirgli di no.

A un anno dalla sua dipartita la moglie ricorda l' indimenticabile Felice
Uccello, hai lasciato dentro di me un vuoto incolmabile.

LAPIDI

Qui riposa Benedetta Gaia Bellina,
donna instancabile, ha amato la vita,
suo marito e tutto il paese.

Qui giace la signora Quaranta di anni 60, nata nel 30 e morta nel 90.

IN FARMACIA

Vorrei un pacco di cotone idraulico.

Occasione mancata

Un povero disoccupato presentò domanda di assunzione presso la Microsoft…
come pulitore di cessi.
Il direttore del personale lo convocò e, dopo un rapido test attitudinale, gli disse:
"Lei è assunto. Mi fornisca il suo indirizzo e-mail perché io possa
inviarle il contratto di lavoro ed il mansionario."
Il poveretto, perplesso, rispose che non aveva il PC e che, quindi, era privo di e-
mail.
Ed il direttore del personale: "Allora mi dispiace: se lei non ha un e-mail
virtualmente non esiste e, quindi, non posso assumerla..."

Il poveraccio, disperato, uscì dalla sede della Microsoft, senza sapere cosa
fare e con solo dieci dollari in tasca. Si diresse verso un supermercato e lì comprò
una cassa di dieci chili di fragole.
In poche ore, vendette tutte le fragole al dettaglio passando di porta in
porta e duplicò il capitale iniziale entro mezzogiorno. Sorpreso ed entusiasta, ripeté
l'operazione tre volte e rientrò a casa con sessanta dollari.
A quel punto si rese conto che quel sistema gli avrebbe permesso di
sopravvivere... e, allora, vi si applicò in via continuativa, uscendo sempre
prima la mattina e rientrando sempre più tardi la sera.
Così facendo, triplicò e quadruplicò il capitale ogni giorno.
In poco tempo si comprò un carretto per aumentare il volume di lavoro e,
successivamente, lo cambiò con un camioncino. Cosicché, in capo ad un anno,
divenne il titolare di una piccola flotta di automezzi propri.
Dopo cinque anni, era diventato il proprietario di una delle maggiori reti
di distribuzione di derrate negli USA.
Cosicché, in capo ad un anno, divenne il titolare di una piccola flotta di automezzi
propri.
Dopo cinque anni, era diventato il proprietario di una delle maggiori reti
di distribuzione di derrate negli USA.
A quel punto, pensando al futuro della famiglia, decise di assicurarsi sulla
vita. Chiamò un broker per stipulare una polizza.
Questi, al termine della conversazione, gli chiese l'indirizzo e-mail per inviargli il
prospetto assicurativo.
Il nostro uomo gli rispose che non lo aveva.
"Che strano," commentò l'assicuratore.
 "Lei non ha un e-mail ed è riuscito a costruirsi un impero. Si figuri dove sarebbe
ora, se lo avesse avuto!"
L'uomo ci pensò su e poi rispose: "....A pulire cessi alla Microsoft!"
Morale:
- Internet non risolve tutti i problemi della vita
- Se non hai un e-mail ma lavori molto puoi diventare milionario lo stesso
- Se hai ricevuto questo messaggio via e-mail....sei più vicino a pulire cessi
  che a diventare un milionario
In tutti i casi ti saluto e ti prego di non rispondere a questo messaggio:
sono fuori........ a comprare fragole!

Filosofia...
La vita dell'uomo

In principio:
- Dio creo' l'asino e gli disse:
"Sarai asino, lavorerai instancabilmente dall'alba al tramonto, portando pesi sulla groppa. Mangerai, non avrai l'intelligenza e vivrai fino a 50 anni, sarai ASINO."
L'asino gli rispose: "Essere asino, per vivere fino a 50 anni e' troppo. Dammi appena 20 anni."
Il Signore glielo concesse.

- Dio creo' il cane e gli disse:
"Difenderai la casa dell'uomo, sarai il suo migliore amico, mangerai quello che ti daranno e vivrai 25 anni. Sarai CANE."
Il cane disse: "Signore, vivere 25 anni per me e' troppo. Dammi 10 anni."
Il Signore lo accontento'.

- Dio creo' la scimmia e le disse:
"Sarai SCIMMIA, salterai da ramo in ramo facendo pagliacciate, ti divertirai e vivrai 20 anni: sarai SCIMMIA."
La scimmia gli rispose:
"Signore, vivere 20 anni e' troppo. Dammi 10 anni solamente."
Il Signore glielo concesse.

- Finalmente il Signore creo' l'uomo e gli disse:
"Sarai UOMO. L'unico essere razionale sulla faccia della terra, userai la tua intelligenza per sottomettere gli animali. Dominerai il mondo e vivrai 20 anni."
Gli rispose l'uomo:
"Signore, saro' uomo, pero' vivere 20 anni e' molto POCO. Dammi i 30 anni che l'asino ha rifiutato, i 15 che il cane non ha voluto e i 10 che la scimmia ha respinto.
Cosi' fece il Signore, e da allora l'uomo vive 20 anni da uomo, si sposa e passa 30 anni da asino, lavorando e portando tutto il peso sulle spalle. Poi quando i figli se ne vanno vive 15 anni da cane, badando alla casa e mangiando cio' che gli viene dato per poi arrivare ad essere vecchio, andare in pensione e vivere 10 anni da scimmia, saltando di casa in casa, di figlio in figlio, facendo pagliacciate per far divertire i nipotini.

Cover and back cover by GJEMB

www.ingramcontent.com/pod-product-compliance
Lightning Source LLC
Chambersburg PA
CBHW021220020426
42331CB00003B/398